광교산 소나무

국립중앙도서관 출판예정도서목록(CIP)

광교산 소나무 : 오현정 시집 / 지은이: 오현정. -- 대전 :
지혜 : 애지, 2016
p. ; cm. -- (지혜사랑 ; 151)

용인시 창작지원금을 일부 받아 출간되었음
ISBN 979-11-5728-197-8 03810 : ₩9000

한국 현대시[韓國現代詩]

811.7-KDC6
895.715-DDC23 CIP2016018732

지혜사랑 151

광교산 소나무

오현정

지혜

시인의 말

자연과 母性의 詩魂

詩의 뿌리는 母性이다. 어머니가 하늘나라로 떠나시고 나니 그 망연함과 그리움에서 벗어나기가 쉽지 않다. 건강하실 때 더 많은 시간을 어머니와 자주 정겹게 보내지 못한 아쉬움과 안타까움이 가득하다. 그럴 때면 홀로 동네 뒷산을 오른다. 산새와 들꽃이 바람의 언덕을 넘어와 母情의 치마자락을 펄럭이며 내 어깨를 감싸준다. 광교산엔 친구가 많다. 온갖 근심을 덜어주는 풀꽃과 화답하는 산새, 그리고 기댈 수 있는 든든한 소나무들, 이 모두가 나의 어머니다. 소의 등뼈처럼 질긴 모성은 시인이 결코 놓을 수 없는 시정신과 닮았다.

한 生과 더불어 역사가 구름으로 흐르듯 만물을 품은 달빛은 산맥을 휘돌아 내일을 그린다.

열흘 동안 병원에 계시면서 많이 아프냐고 물어도 '괜찮다'고만 하시던 어머니는 자식들이 다 모이자 '좋아, 좋아'를 연거푸 하셨다. 어머니의 세례명인 모니카를 빌려 연작형식으로 쓴 편지 詩들을 보고 또 '좋아, 좋아'라 하실까? 아님 늘 내 시에 만족하지 못하는 작품들을 매만져 함께 묶은 이 시집을 보고 그래도 '괜찮아, 잘 하고 있다.'고 하실까? 저어하며 자연으로 돌아가신 어머니의 영원한 안식의 집에 이 시집을 바친다.

2016년 초여름
광교산자락에서 오현정

차례

2부 모니카를 위하여

3부 옛 사람이 부른다

4부 그 숲에

5부 숫소의 등뼈를 만지다

• 일러두기
한 연이 첫 번째 행에서 시작될 때는 > 로 표시합니다.

1부

지리산의 아들

눈꽃소나무

금강을 내려다보니
숨이 트인다
산줄기 되어 사람을 지키는
철새를 보내고 또, 부르는 오성산
적막한 산정은 회색빛 청춘의 갈림길이다

천지가 길이던 애송이 밤새 눈밭 걷다
새의 무리를 따라 먼 하늘바라기로
비보림 숲길에 든 사람
녹슨 길이라도 뚜벅 뚜벅 걸어가는
산바람에 휘둘리지 않는 솔이다

물안개 머금은 한 입 솔향
사시사철 푸른 잎에 주고
어깨에 꽃 핀 줄도 모르고 버팀목으로 서있다
새벽녘 은세계에 솔씨 하나 품은 채
상고대 너른 무게로 지워진 길을 여는
눈송이 같은 그 사람

지리산의 아들

서부전선에 고사포와 평곡사포를 쏘아대는 북쪽
그 아들은 임걸령 구름을 데려가고 싶은 게다
산새도 구름 업고 산맥 이을 기세다

6 · 25 사변 때 툇마루에 초조한 다리를 걸치고
해질녘까지 국군인 형을 기다리다 허기를 움켜잡고 갔다던
그 남자가 까마득 오솔길 헤매다

남쪽 아내가 그리워 또 아들을 낳고
그 아들의 아들이 묻은 목함 지뢰를 거두러 가는지
한 소식 전하려는 남명南冥선생 정기正氣어린 소나무가
새벽별 품은 채 솔향을 쏟는다

나이테에 감긴 아린바람
남에서 북으로 가는지 북쪽에서 남쪽으로 오는지
아직도 첩첩산중 지리산 이별 법
숲길에선 나침반 없는 나무의 무늬다

이념이 해로 떠 열정이 달무리 지는 시이
그 남자의 아들은 사유의 숲을 낳고
어머니 다녀가신 산마루의 구절초
피보다 골 깊은 수액을 길어 올린다

지심도 동백

능선을 물들이는 단아한 수줍은 처녀
시들기 전 통째로 툭 떨어지는 지조
그 사람 마음을 닮았나
맑고 애잔해 혹독한 추위에도 푸르다

선착장에서 샛끝까지 마파람 샛바람을 엮어
해안절벽에 섰던 그 사람 발길 돌려 세웠나
막배를 태워주는 군함 모양
전쟁의 아픈 역사를 말한다

하늘에서 내려다보면
깊이를 알 수 없는 그 사람의 내면內面
숲길이 머금은 천년 동박새
마음을 다해 가루받이 중이다

백자청화매죽조문병白磁青華梅竹鳥文瓶

목은 가늘고 길다
작은 키에 가슴은 풍만해
또 본다

매화가지에 앉은 저 새는
이 여인의 야릇한 이끌림에
날아갈 수 없는 사내다

마주보는 힘찬 대나무가 그 한량이다
시詩 서書 화畫를 섭렵한 자신을
문文 사史 철哲의 눈으로 바라보네
고 작은 것을
억, 억, 억, 억만 냥을 줘도 바꾸기 싫어

초봄인 듯 늦가을인 듯
대나무를 흠모하며
박차를 가하려는 새 한 마리마저 주저앉히는
매화의 고 미소에 조선 사내들
돈궤를 짊어지고 몰려 왔음직 하다

한 번 더! 불 켜진 작은 주막
하얀 항아리에 우주가 담겼네

사람을 지으신 이 담겼네
다 두고 홀로 갈 때
어디로 갈 것인지
장인의 영혼에 선택의 여백을 남겼네

영휘원英徽園 산사나무

억울함 다 말 못해 쓴물이 올라올 때마다
머금었던 아가위 열매는
열여섯 처녀로 궁궐에 들어오던 내 모습 같아요
임금님 눈에 들어 후비가 되고
아들을 낳았는데 몹쓸 일제의 만행으로
어린 아들과 생이별할 때 내 가슴이 다 찢어졌지요

조선의 국모가 당한 치욕의 시간 생생히 보았어요
어찌 죽어갔는지
나라가 힘없으면 민초들 어떻게 되는지
여자들이 왜 깨우쳐야 하는지
으스러지려는 뼈에 새기다 보니
한 그루 나무가 되었어요

성한 데 없는 내 영혼과 몸이
약나무로 나보다 더 아픈 이들 위로하며
이승에서 못다 한 일 하라고
이 뜰에 내 이름을 걸어두었네요
순헌황귀비!
치유의 나무네요

빛을 찾아

헬기를 타고 아래를 내려다 본다
높게만 보이던 빌딩숲을 헤치고
강산의 마음을 휘감아 도는 나이아가라

폭포는 아메리카에서 캐나다를 넘어오듯
무無에서 색色을 창조하신
하나님이 보내신 무지개다

어둠에 깃든 여행객의 영혼을 깨우는 곡조曲調다
가슴에 아우성치는 빛의 파도에 일렁이는 점點이다

사람은 자연 앞에 공空인 듯
빛 한 줄기 열며 높이 더 멀리

잠시 지친 날개를 퍼득거릴 뿐이다

맨해튼의 밤

이슬비도 찬란하다
불빛은 존재를 형광으로 물들이고
록펠러 센터 광장에서 타임스퀘어 골목에 이어지는
젓을 새도 없이 달리는 차들
무인자동차시대를 향해 질주하는지

닿아야 할 꿈에 드론을 띄우며
창조의 끝은 어딘가
밤새 불 켜고 머리 맞대는 사람의 도시
블랙할렘의 평화를 딛고
다문화 다인종이 내일을 위해 몰려온다

통일로의 가을

행주산성 들녘에서
고구려 男子가 추수를 꿈꾼다
그 많은 시련을 다 넘어
여기 와 농사지어 자식을 키웠으니
올해 남녘의 모진 장마를 겪어내고
까치가 물어오는 고향 소식 되묻는다

고구려 사나이 장수왕은
고봉산에서 승전보를 고했는데
북녘 벌거숭이 친구들은 다 뭐하는지
오늘 우리는 통일을 논할 때가 아니냐
내년 추수시절은 남북이 함께
풍년을 노래하면 얼마나 좋을까

겨울 거리에서

가을 간다고 온 산이 불질러대더니
달려보라고 울긋불긋 웃더니
발꿈치 뜨겁지도 차지도 않아
느릿느릿 걷는 초겨울이 오네
사람 물결에 섞여 들려오는 노랫소리
가로수 빛도 인생도 짙어가네
다 타버린 내 마음에도 엽서 한 장
가랑잎 빛 노을로 얹히는 날
남루한 내 생의 결을
가만가만 더듬어 걸어본다

청계빛 바람골

하늘재에 걸렸네
까망샛바람, 맑은대꽃 감겨붙어
빨아올리네, 꽃술향 배불리
거드름 피우네
으름장놓다 시답잖아 버린다는 촌장
이 마을에 산다네

속병은 나을까, 맑은대꽃잎
백로白鷺에 콩잎이슬 훑어먹네
소름돋는 쥐손이풀꽃, 잎자락 이쁘게 나풀대더니,
하늘눈, 회오리질쳐댔네

휘감겨사는 일 사람이 풀어내지만
여닫는 순리는 신神의 몫이라네
어질지 못한 이
산마루 올라서도 괴롭다네

허기진 뭇새들만 골을 넘는
저녁답 빛좋아 깊은 골
내다본다네, 마을어귀
청계산바람만 고요하고도 고요하네

그해, 천리포 수목원

정겨움에 앞 다투어 손 뻗는
잎들 물들이느라
활짝 웃는 꽃망울 향내가
두 팔을 펼치며
협곡을 탄다
나무들의 쭉쭉 뻗은 몸매
이름 부르기도 벅찬 하루다

천상에 떠도는 아름다운 언어가
가지에 앉았다
수심愁心 가득한 사람들의 얼굴에
희망 꽃을 피우는
나무의 손짓이 싱그럽게 다가와
겨우내 갇혔던 마음을 연다

보약론論

상 타는 날
겉으로만 축하하고
마음속까진 축하가 안 되는 분들 괜찮습니다
내년을 기다립시다
치열함을 웃음으로 밀고 가는 인사말에
자만심으로 가득 찬 시절 떠오른다
아릿한 가슴 한쪽 꽃다발로 달래며
울컥 올라오는 한 시절의 쓴맛을 삼킨다

세상 모르는 샛별 혼자 새벽을 밝히고
희뿌연 안개를 마셨지
끓이고 달인 시간을 졸여
지지고 비틀어
짜고 또 짜내는
검은 고뇌苦惱 한 사발 위에 뜬 별
언제 빛을 찾나 어둠 헤쳐 보았지
하나님이 주신 보약으로

까르르르

바탐 섬에서
아빠까바르르르(안녕하세요?)
이브자리까르르르(좋아요, 최고야!)
혀를 한참 굴리고 다니다 보니
더운 줄도 모르고 저절로 까르르르 웃는다

긴 이름 대신 가이드 김남길로 불러달라는
스물다섯 살 총각은 점심도 거른 채
기도소에 기도부터 하러 간다
일주일에 두 번은 가이드 하고
나머지 시간에 오토바이 대리운전 알바도 뛰지만
예쁜 처녀를 신부로 데려올 수는 없다
소 세 마리 사려면 아직도 멀었다
그렇다고 닭 두 마리로 추녀를 데려오긴 싫어
많이많이 일할 수 있게 해달라고 기도하는지
빠삭 마른 몸으로 알라와 접신 중이다

까르르르(~습니다) 혀를 굴리며
1년 8개월 배웠다는 우리말을 잘도 한다
까르르르 아이 같은 저 미소가 바로 파라다이스다
그에겐 꿈이 있다
일곱 명의 동생을 학교에 보내주고 싶은

넓은 바다 보다 깊은 사랑이 있다
어느 누구 보다 남길은 행복한 청년이다

도라산 역에 걸린 태극기

도라산 역에서 신新 실크로드 익스프레스를 타자
자유의 마을과 북쪽 평화의 마을을 건너
반세기 끊어진 철로를 이어 달리자
현무암 딛고 선 고구려의 석등 너머
시베리아횡단철도와 만나자

피의 능선 백마고지에 심어놓은 내 혼魂
자라서 고라니와 산양이 함께 뛰어놀고
봉래산 울창한 숲을 지키자는 약속
그리운 이름 부르며
평화의 바람개비 절로 돌게

고구려의 석탑은 손질해서 불을 비치고
러시아, 중국, 중앙아시아를 밝히자
이제부터 신 실크로드의 길이 밝아올
유럽까지 두루미와 저어새가 날아간다
유라시아대륙 횡단철도를 타고
실크로드의 종착역에 모두 내릴 수 있게

차카란타, 그 꽃은

보라 빛 5월 봄비다
성벽을 따라 꽃비가 내리면
지진을 헤치고 살아난 사람들이
잃어버린 가족의 이름을 부른다
잿더미 속을 뒤지던 멍든 목소리
앙다문 입술에 울음을 삼킨다

세비야의 차카란타는
집시에서 여왕이 된
이사벨의 내면에서 날마다 추던 플라라멩고다
신비한 보라 빛 두 팔을 펄럭이며
오늘도 대서양에 쓰는
스페인의 역사다

2부

모니카를 위하여

모니카를 위하여 1
— 뒷산의 산새가 서럽다

어머니
멀어서 잘 못 오시던 둘째딸네로 발걸음 하셨나요
마을 뒷산에 올랐더니
광교산자락의 온갖
산새들이 다 마중 나와 오늘따라 유난스럽게 종알대네요
밤에는 잠자고 낮에 일해라
운동 좀 하고 잘 챙겨먹어라
생기는 것도 없는 그 詩는 이제 고마하면 안 되나
살아생전 안 하시던 잔소리 한꺼번에 쏟아내고 가시네요
하얀 나비 한 마리 내 손등에 가만히 앉았다 가네요

모니카를 위하여 2

— 타지마할

코끼리를 타고 앰버 산성을 둘러보니
권력의 힘이 이렇게 높고 좋구나 했는데
자이푸르에서 대여섯 시간 버스를 타고 아그라로 왔어요
드디어 사파이어, 루비, 에메랄드가 수없이 박힌
대리석 영묘 타지마할로 들어섰어요
살아서 왕관을, 죽어서 누대로 애도와
세상 모든 여인들의 부러움을 받으며
누워있는 왕비는 얼마나 지혜롭고 총명했을까요
무굴제국의 황제 샤자한은 불멸의 사랑을 위해
완공 직후 총감독의 목을 베고 장인의 손가락을 잘라
지상에서 유사 건축물을 다시는 만들 수 없게 했대요
삶과 죽음을 이으려는 집념을 야무나 강은 다 보았지요
상아빛 잔영이 일렁이는 강물엔
아내 뭄타즈마할을 향한 연모의 투각透刻들이
보름달이 뜨는 밤이면 더 맑고 투명하게 빛나지요

모니카를 위하여 3

— 아그라 역에서 잔시 역까지

불가촉천민不可觸賤民이라니?
인도에는 카스트제도가 있어
엉덩이에 빗자루 꼽고 오물 치우면
소보다 못한 대접을 받는대요
아직도 사람을 등급 매겨 구분짓다니!
하기야 카주라호로 가기 위해
기차역에 앉았으니 알만도 하네요
갓난애를 앞세워 구걸하는 남루한 사람들
절대 주지 말고 눈도 맞추지 말라고
인도인 가이드 나라연은 말하지만
불쌍타 못해 자꾸 가방을 부시럭거려요
졸라대는 눈빛과 내미는 손바닥에 얹힌
거무튀튀한 무더위 냄새에
속이 메슥거리기 시작해요
창도 떼어버린 완행열차에서 하염없이
기다리는 새까만 눈동자들이
나를 뚫어지게 바라보며 묘한 미소를 짓더니
마음은 부자라는 듯 우아하게 손을 흔들어요
바삐 특급열차에 올라 도시락을 받았는데
도저히 먹을 수가 없어 화장실만 들락거리다
겨우 자리에 앉아 머릿속부터 비 오듯 쏟아지는 식은땀을
명치를 누르며 참아내자니 온몸에 힘이 스르르 빠져나가요

그대로 드러눕고만 싶어요. 어머니!
지금 괜찮으신 거예요?

모니카를 위하여 4

— 갠지스 강

어젯밤 강가시바의 아르띠 푸자의식은
카주라호에서 11시간이나 좁은 봉고를 타고 올만 했어요
매일 밤 기도문처럼 갠지스 강에 울려 퍼지는
라비 샹카*의 신비한 노래가 내 영혼에 불빛을 올려

이른 새벽 해돋이 보러 갠지스 강으로 갔어요
어제 저녁 릭샤를 타고 혼잡한 거리 속에서
눈을 뗄 수 없던 인도 옷 파는
사리가게는 아직 문을 열지 않고

밤새 아수라 같던 바라나시 골목엔 양치하는 피루나뭇가지
소원을 비는 노란 마리골드 꽃 파는 사람들만 나와 앉았는데
쌓인 소똥만 신호등 없는 건널목을 지켜요
그 많던 소와 말, 개와 멧돼지, 그리고 낙타는
삑삑대던 소리와 함께 다 어디로 갔을까요

배에 앉아서 막 해가 떠오르는 걸 보며
소원을 비는 금잔화에 둘러싸인 촛불접시
디아Dia에 불을 붙이고 물결에 띄웠어요
순리대로 잘 흘러가라고, 바람 불더라도

여기서 이불을 헹궈 널다 먼지 묻은 몸을 씻어

모든 죄를 용서받고
내 죽어 태운 재를 강가에 흘려보내면
정말 윤회로부터 해탈할까요?
그 강물을 마시면 나는 행복할까요?

살고 죽는 게 종이 한 장 흔드는 바람이라며
사람들은 왜 죽기 위해 이렇게도 많이
갠지스 강으로 몰려올까요?
뱃전에서 향나무 팔찌랑
어머니가 좋아하실 빨간 산호 목걸이도 샀어요
제가 돌아갈 때까지 부디 잘 견뎌 주실 거죠?

* 라비 샹카(Robindro Shaunkor1920~2012) : 인도 음악의 대부. 현악기 시타르의 달인. 비틀즈, 밥 딜런에게 영향를 끼친 미국 유명 여가수 노라 존스의 아버지.

모니카를 위하여 5

— 응급실에서

어머니
나 누구예요?
둘째 딸 왔어요
많이 아파요?

괜찮아
플라스틱 마스크 사이로 쉿소리 들린다
괜찮긴 뭐가 괜찮아요
우리들 얼굴 다 보니
이제 안심이 돼요?

좋아 좋아
둘러선 자식들 하나 하나
다 쳐다보시며
그 아픈 콧줄을 몇 번을 끼웠다 뺐다
아프다 말도 못하고 눈물만 주르륵
식은땀만 흘리신다

아침에 휠체어를 타더라도
데이케어 센타에 가시려고
소파에 앉았다 자꾸 옆으로 쓰러지셔서
간호사가 아무래도 이상타

병원으로 일단 가자해서 119를 불렀어요

여기 올 때까지 아침도 드셨다고요
아무리 말해도 주렁주렁 주사약을 매단다
뼈만 앙상한 손등 발등에 주사바늘을 꽂고
언제까지 응급실에서 기다리란 말인가
큰 목소리로 따지다 의사 말을 듣고
아무 말도 못하는 형제들
바보처럼 서 있다

모니카를 위하여 6

— 간병일기

눈 뜰 힘조차 없다던 어머니
몸 어느 구석엔가 숨어 집 짓는
못된 것들을 찾아내느라
창백한 얼굴이 식은땀 투성이다
막 세수를 마친 얼굴에 로션을 바르는
어머니의 모습을 언제까지 지켜볼 수 있을지

"할머니, 젊었을 땐 너무 고우셨겠네요"
간호원의 말에 빙그레 소녀처럼 붉어지는데
노인은 왜 다시 어린아이가 되어 가는지
사람의 영혼을 지으신 분의 뜻은 너무도 오묘해

말없는 늦봄의 하늘이
내 어깨에 살며시 손을 얹는 저녁
설핏 어머니처럼 깔끔한 바람이 노을을 타고
어디론가 자꾸만 가려하는데
어머니는 햇볕이 잘 드는 창가 쪽으로 자리를 옮긴다
내일 다시 돋을 햇살기도마냥

모니카를 위하여 7

— 입관入棺 전

아직 귀는 살아있어요
하시고 싶은 말씀
한 마디씩 해 주세요
마지막 옷고름을 꽃송이 모양으로 능숙하게 염하던 이가
내 젖은 눈꺼풀 위에 세례를 주듯 조근댄다

어머니
아무 걱정 마시고
주님 품에서
성모님 곁에서
편히 쉬세요

내가 할 수 있는 가장 함축된 말
사랑해요
미안해요
고마워요

그 말 보다
성당 가시는 길 다 잊어버리신 후
숟가락 드는 것 마저 내려 놓으셔
영원한 안식의 집 찾지 못할까봐 자꾸 중얼댄다

>

어머니의 모든 죄는
예수그리스도께서
십자가에서 피 흘리심으로
다 갚아주셨답니다

모니카를 위하여 8

— 31호 장례식장

어머니 마지막 숨을 다 내려놓으신
금요일 밤, 막막했어요
밤늦게까지 장례 치를 준비를 하다
형제들이 각자의 집으로 갔다
새벽에 다시 어머니 곁으로 모였어요
친지들에게 밤늦게 알리기가 너무 미안했어요
어쩔 수 없이 4일장을 치르게 되었어요
차디찬 안치실에서 밤새 얼마나 추우셨어요
이제 분주하게 조문객 맞을 채비를 하고 있어요
어머니는 오시는 한 분 한 분 따뜻한 미소로 맞으시면 됩니다

모니카를 위하여 9

— 어머니께 드리는 헌시獻詩

얼마나 힘드시냐 물어도
괜찮아, 좋아 좋아
종부성사終傅聖事
마지막까지 우리들 대신 아프셨던 어머니
자식들의 목마른 꿈에 형산강을 당겨
물안개로 삶의 땀을 적셔주신 모니카를
주님 불쌍히 여기시어
자비를 베푸소서
착하게 후덕하게 잘 살아라
중명리中明里 맑은 바람이 어머니 목소리로
귓가를 맴돕니다
이승에서의 무거웠던 보따리 이제 다 내려놓으시고
먼저 가신 아버지 곁에서
자애로운 성모님 품에서
함께 영원한 평안을 누리소서

모니카를 위하여 10

— 삼우제三虞祭를 지내고

초우初虞 때 뿌린 흰 국화향기
재우再虞 때 실비로 내렸나
한 삽씩 뿌린 눈물 흙
어느새 소박한 집 한 채 다 지었네
삼베옷 한 벌 고운 꽃버선이면 족해
그 자리만 당신 방인 것처럼
살아생전 어린아이처럼
욕심 없는 본래 마음 더듬어 간 그 영혼
어머니
본향本鄕 찾아 고요로 누워
삶과 죽음을 이어 주시네

모니카를 위하여 11

— 수서성당을 향해

땡볕을 걸어가며
얼마나 고마운지
햇볕이
바람이
자꾸 흐르는 내 눈물을 말린다
나뭇잎 냄새가
빨간 내 콧등을
싱그럽게 토닥인다
어머니 다시 살아
함께 걷는 열하루 째

모니카를 위하여 12

— 50일 봉헌 미사

미사를 마친 후
형제들이 모여 차를 마신다
쓴 커피 한 모금이
어머니 피오줌 같아 잔을 밀어놓고
멍한 눈빛으로 그냥 헤어지기 아쉬워
이른 점심을 시켜
곡기 끊으면 안돼
하시던 아련한 어머니 목소리만 듣고 있다
숟가락마저 놓으시고
콧줄로 들어가는 유동식마저 받아주지 않던
뼈만 남은 앙상한 어머니 떠올라
국그릇에 툭툭 떨어지는 눈물
잘 살아라 잘 살아라
어머니 당부를 간하듯
휘저어 마신다

모니카를 위하여 13
— 꿈길

밤하늘 별무리 아래 자목련 개나리가 부셔요
노오란 산수유가 뜨락을 밝히는
향기로운 봄밤이 애틋하네요

이 밤 가면 아침 오듯 꽃 피면 지고 마는
벚꽃 날릴 때 꽃보라 아래 서면 눈시울이 젖어와
순간도 영영 헤어짐만 같아요

애끊는 얼굴 번민할 일
다 받아주는 어머니 꽃잎에 있네요
봄 처녀 적 어머니
사는 게 뭐냐면
피어나는 새순이 말해 줄 거랬죠

꿈길
다 지나가는 봄이라고

모니카를 위하여 14

— 숯은 어머니다

숯은 탄 어머니의 가슴이다
먼 길 가시며
바람결에 불씨마저 태우셨나
애태우던 그 마음 그대로
헤어진 사람에게 오려고 몸을 비우셨나
한 방울마저 다 주시고
홀로 선 기도로 밤새우시고
내게 주신 말씀 확인하러 오셨나
내게 있는 고통을 다 떨어주시고
내 몸에 붙은 불안을 다 가져가시고
희망을 안고 오셨네
기도 꽃 한 송이 주러 오셨네
새벽별 건너 오늘 아침

모니카를 위하여 15

— 그늘을 벗어나서

어머니 왜 내게 처음부터
번민煩悶만 먹이셨나요
그 부드러운 사랑과 젖을 주지 않으시고
맨발로 걷게 하시더니
돌밭을 걷게 하시더니

이제 생각하니
가르쳐주신 돌밭이
이렇게 부드러울 수가 없는 나이가 되었네요

비는 매일 오고
우산을 쓰고 앉아
어머니 말씀 기다리던 비의 몸부림을 봅니다

다시 살 수 있다면 어미 몸피를 다 벗겨
어디든 가거라
네 존재를 확인하러
맹독을 자양분 삼아 걸어가라

다 벗어준 껍데기 이 어미가 바로
너의 팔다리요 새살이다
그 말씀의 빗줄기
홀로 생명 돋아납니다

3부

옛 사람이 부른다

다시 읽는 천자문

할아버지는 먹을 갈아주시고
나는 화선지에 한 획이라도 그으려면
신문지에 계속 써서 버렸지
하늘 천天, 따 지地, 검을 현玄, 누루 황黃,
집 우宇, 집 주宙, 넓을 홍洪, 거칠 황荒,
날 일日, 달 월月, 찰 영盈, 기울 측仄
앵무새처럼 따라하다
궁창에 묻힌 꿈
그리고 매일 바빴네
하늘에서 거친 땅으로 떨어진 나
검은 점 하나 찍고 싶은 건
지금, 마찬가지
언제나 새로 태어나는 천자문을 읽네
요새는 혼자 먹을 갈아 초행길 걸어간다
우주까지 한 점 찍으려
아직도 달리네

수레와 바퀴

마차로 가자
권력이 보고 싶을 때
찰랑대는 마노목걸이
물든 예술혼 잡고 싶을 때

눈물과 피와 땀을 밟고
달리는 청동마차를 타자

갈망하던 것을 손에 넣은
황제의 가슴에 얹어보자
지쳐 버린 육신과 정신
불로초를 만나면
다시 처음이 되는지

갑옷도 없이 활을 쏘는
그의 사수射手
영생을 찾아 굴러가는
수레바퀴가 되어
동쪽바다 끝까지 달려보자

생선냄새 진동하고
순행巡行은 계속되어

영원으로 가는 길
더듬어 보나 보이지 않아도

무엇을 담고 가려는가
진시황제여, 잡히던가
사마천司馬遷이 마지막을 쓰기 전에

아야 아야*

내려놓아라
아프면 울어
사람소리 질러
무거운 앙가슴 울음으로 문질러대고
흰 종이엔 샤또무똥로칠드 빛
향으로 쓰야지

붉은 꽃 어지럽게 날리는 고갯길
넘어가려는 소소영영昭昭靈靈
몸 벗지 못해 꿈꾸던 출렁이는 유리벽
거슬러 오르다 떨어지는 회오리에
감겨
느긋하게 머금은 첫 모금
그냥 아니네

구름이네
바람이네
번개라네
천둥소리 앉힌 스와로브스키
청보라 빛 내 잔이라네

* 종범 스님의 강론 중 인용한 법어.

비원祕苑의 진달래

왕을 부른다
청양문 들어서는 기척마다

긴 담장길 너머 깊숙이
산기슭 지나 숲과 골짜기마다
깃든 숨결 듣다

피어난 가을
부르다 지쳐
왕을 데려갔나

인정전, 빈 의자엔
참꽃빛 여인
신비한 무늬향, 앉았네

사월, 그리고 사랑

벌써 두 해 전인가요?
꼭 눈이 내리는 줄 알았어요
언덕에 휘날리는 흐린 마음 길
길 건너 하얀 지붕 안에서
어둔 삶 밝혀 주듯 쏟아지는 벚꽃처럼
내 눈에서 피었다 내 가슴에 지기를
기다렸나 봐요, 어리석게도

그날부터 손톱을 길렀지요
진분홍, 분홍, 피, 여린 살 파고드는
사월을 다시 다듬는 어느 날
벚나무를 내다 심는 길 건너 집 여자가
내 약지 끝에 꽃잎을 심었나 봐요

꽃 필 때 한 잎
꽃 질 때 울며 한 잎
그렸다 지우며 시들거나 잘라내도 또 한 잎
저 혼자 핏방울 돋는 사랑을

호수공원에서

이렇게 갓 맑아본 적 있나요
그대를 만나기 전에
내안에 소용돌이치던 먼지
호숫가 산책로를 거닐 때

이렇게 깊어본 적 있나요
그대를 놓아버리고
홀로 걸어가는 서러운 맘
호수에 빗물로 쏟아질 때

이렇게 기다린 적 있나요
그대를 다시 볼 날
내 몸에 꽃물결 일면
살근히 솟아 피어 노래하는
분수로 만날 때

제자리걸음

돛배를 띄웠구나, 서해를 향해
떠오르는 것은 해지는 쪽으로 기어가고
꽃게는 게워내고 있구나
껍질 속에 감춘 주홍빛 배란기
대책 없이 잉태한 슬픔을
썰물이 묻는구나
바람 부는 개펄에 누워

옛 사람이 부른다

쉬린제 마을에서 포도주 한 잔
밝고 순한 빛, 예쁜 기억을 마신다

시고 떫던 오렌지
터키 빛 태양과 맑은 바람에 올리브 산을 옮길 듯

나, 꽃이에요
속 붉은 무화과가 달디 단 눈물을 먹여주던 곳

오래된 올리브 빛 새를 부르는 신神들의 서쪽
에게 해의 내일이 물드는 언덕에서
노을이 등짐을 내려놓는 곳

고마운 사람 미운 사람
그리고, 사랑하는 사람도
구름하늘에 뭉게뭉게 그리며 간다
다 잊기 전에

무수리 茶

개잡던 그 아줌마, 팔뚝 걷어부치고
바지랑대는 차茶 밭골
이랑이랑 간드러진다

어린잎 애간장 녹이고 말려
제 공덕으로 풀어내는 것 보소
왕녀가 따로 없네

눈치코치 깨갱대며 차茶향을 꽉 물면 되나
언놈이 가죽인지 고긴지 냄새만 잘 맡으면 되나
삽살꼬리 눈물바람, 그 심장에 넣다 뺐다
차茶빛으로 잘만 우리면 되나

왕자님! 차茶 식어요오~
팔자 한 번 바꿔보소

8월의 산, 강

올 듯 올 듯
눈썹아래 노을이 검어지는
햇빛 살라먹은 청록빛 지붕
소낙비 요란하게 돌개바람 속으로 사라지고
고운 기억 한 자락, 산등성에 올라
바보같이 혼자 본다

첫 눈맞춤 강물에 어리는
흙과 물, 불과 바람이 지은 나는 누구인가
그대는 겹겹이 싸여 나와 멀어지고
한 점 티끌이 되기 위하여 오늘을 사는가

그대 산이 되고
나 나무 되어
묻히고 싶은 8월
바람 휘돌아가는 들에 서서
함께 큰 강으로 흐를거나

반구정伴鷗亭

사목리로 돌아와 갈매기와 화답하던
햇살 좋은 날이면 강변 솔밭 언덕 위로 굽이치는
임진강 푸른 물결에 송악산 바람을 맞이하던

청정문淸政門 들어서는 숭모의 발길에
황희님 혼결 불러주는 단아한 단청
의연한 정자亭子 너머

멀리 있는 한 핏줄도
청백리淸白吏, 읊는 시구詩句에
그리운 사람 찾아
머리칼 하얗게 달려오는 그 곳

까미유 끌로델

거대한 산이다
바람의 영혼을 불러
내 안의 갈기를 세우는
까미유 끌로델의 울부짖음은

먼 산을 향해
손톱에 피멍이 들도록
자신과 싸우는 이유를
누가 알기나 할까

세상에서 가장 진득한
고뇌의 흙으로 빚은
저 서늘한 손
그러나
그녀가 버리고 떠난 한 사내
로뎅의 위험한 손을 사랑했기에

마구 두드려대던 고뇌의 지팡이
미친 채 버려두고 어두운 산길에 갇혀
어디로 가버렸나
가여운 천재 까미유 끌로델은

껌 이야기

씹다가 뱉아도 좋다고?
적당한 구석에 붙여 놓았다
심심할 때 부르거나
외로울 때 다시 씹으라고?
울화 치미는 날
꽉꽉 다시 질겅이면
제 향기 부리며 날아간 것들
되씹은 듯
단맛, 새로울 거라고?

그래요
씁쓸한 그대 혀 위에
무슨 화끈 달콤 올리나
귀 세워
그대 입맛에 쏘옥 드는
내가 진짜 껌이라고요
떼려도 뗄 수 없는

올리브 바다

서쪽 바다 끝에서 해를 끌어 올린다
가도 가도 끝없는 올리브 밭은
산 너머 남단 바다 속 꿈을 당긴다

사람들은 저마다의 상처를 치유하기 위해
그리스의 승리를 가져다준
트로이의 목마를 향해 달리는 지도 모른다

지혜의 별을 삼키며
나라를 지키기 위해
살아남아야만 했던 옛사람들

흙이 되고 돌이 되어
유적지를 맴도는 바람결로
후손을 위해 기름진 열매를 심었나

전쟁의 상흔은
치열한 내일의 삶을 다져넣은 태양으로
새로운 역사에 남을 인물을 찾아
뜨겁게 떠오른다

선비의 곡조曲調

국립국악원 우면당 위에 걸린 눈썹달
홀로 겨울하늘을 간다
아쟁산조 한 자락 읊으며
전혀 춥지 않은 듯
꽝꽝 언 금간 어둠
일필휘지一筆揮之로 별 띄워놓고
매운 서리 속으로 유유히 흐른다
우리 춤 덩실 보름달 품 듯 가락 타고 간다
거문고 마다않고 퉁겨보는 지름 시조창에
녹아 흐르는 온갖 시름
풍류를 덮고
하!
달도 웃는다

4부

그 숲에

꽃은 꿈이다

날아가는 벚꽃 잎 두 손으로 받아내야
소망 이룬대
까치발 돋우며 간절함 잡으려 안간힘 쓰던 이맘 때
어머니는 꽃이 되어 꽃 나라로 가셨다

연분홍 버선코에 처녀 적 먼 산을 물들이던
산 향기를 감고 잠드셨다
깊고 넓은 바다 가려는 꿈
자식들 키로 키우시고
삶의 번뇌 두려움 없이 누이셨다

온 동네 밤잠을 설치게 하다 설핏 찾아온 내 꿈에
봄맞이 하러 멀리 갈 거 없다
사람구경하다 지치지 말고
나도 꽃! 활짝 내 품에 겹 벚꽃 잎 한가득 담아주신다
다 털어버리고 딱 요만큼만 지니라 하신다
한 생生이 바로 꽃 꿈이란다

시인의 강

새벽이 오기 전
물그리메, 집 한 채 띄우려
물에 섞여 흐르고 싶어, 세찬 물살로
강줄기 흐려질까
물소리, 적막하다

강 언덕에 올라
나뭇잎에 앉아 본다
햇빛 찬란한 낮 동안 이슬보다 얼마나 가벼웠나
얼마나 잘난 바보였나
바람에게 물어 본다

날아갈 수 있다고 믿었던 나
먼저 하늘에 닿아 캄캄한 밤길 열어주는
별에게 물어 본다

그 숲에

그대 이름 무엇이더라
쓸쓸한 그늘로 서 있는 그대
길어 올리던 햇살로
잎맥에 새겨진 비밀

나를 붙잡지 마세요
우린 다 알고 있잖아요
서로의 볼을 쓸며
서걱이던 봄에서 봄까지
그 이름 외우며 간다

길 건너 세워둔 그대 그림자
되돌아보며 간다
혼자 서 있는 그대를 불러
휘도록 천만 년 감기어 오는
허무를 매달고 어찌 그리
의연히 가는가 또다시 묻는다

그대 알기도 전에
순수의 이름, 이렇게 부르고 부르면
무거운 걸음마다
젖은 심장 다독이며

푸르게 푸르게
그 숲에 정녕 닿을 수 있을까

매실나무

시고 달고 뜨거운 그 혀도
썩어야 맛을 내는 저 애간장도
풋내 나고 볼품없던 내 두 볼을 깨물러

시린 향에 목젖 담근 채
함께 하자던 그 약속 다 내려놓고
나 보러, 외롭고 시큼한 풀 냄새 길을 오네

좋아하지 말아요
또 슬퍼하지 말아요
그리고 미워하지도 말아요

햇살 잠시
비바람 불고
영글다 보니
어느새
잎 지는 게 목숨이네요

라라라라羅羅羅羅

지팡이 내던졌나베
서산스님 노래 소리
라라라라

지고 피는 꽃이 웃제
흘러가는 강물이 울제

피 아이 나와
징징대다 써재끼니
꿈자리 요란하제

한 늙은이 잠자리 듭사
고요제
평화마저 버리제

시詩 속의 고로古路
라라라라
멋진 노래제

니 노래 한 번 부르지도 못하고
산길, 새소리만 허우적이는

>

환향곡還鄕曲만
랄라랄라

듣고 있을라나

벅수의 사계四季

네가 날마다 가는 길가
네가 어쩌다 건너는 다리
네가 돌아오는 마을 어귀에
벙거지 쓰고
미친 듯 치마자락 끌고 뱅뱅이 돈다
불거진 눈 부릅뜬 채 그 말은 못한다
웃고 있어도 더 다가가진 못한다
네 마음에 쌓던 돌탑을 뚫고
물레방아소리 들릴때까지
비바람 눈서리 맞으며
당산나무아래 돌장승으로
너를 지킨다

허허바다*

소리꾼 따라 넘실댄다

알싸하게 울리다 뒤흔드는 먼 푸른 목청
순면치맛단 휘감아 물시울은
절로 해금가락에 어우러진다
닿을 수 없는 천상天上의 목소리, 오르페우스

네 것도 내 것도 아닌 그것이
우리 것을 훔쳐가서
혼 빠진 사람들에게 나이롱 저고리 입혀놓고
웃는 꼴에 덩달아 웃지나 않았소

창자 쏟아내는 소리마당 한판 보소
이것도 저것도 아닌
몹쓸 것들 내 빼잖소

* 허허바다 : 장사익의 노래.

아름다운 정원

기다리며 힘들 때도 잡은 손 놓지 않으렵니다
폭풍우 몰아칠 땐 서로의 등을 감싸주는 바람막이 되어
봄싹을 틔울 단단한 씨앗을 함께 심으렵니다
성실한 아버지와 온유한 어머니의 기도처럼
따뜻한 둥지를 가꾸렵니다
첫 마음 잊지 않고
가족의 인연을 다독이며
귀한 그대 곁에 내 정성의 무늬 곱게 얹어
깊어지는 뿌리가 이웃의 위로가 되는
푸른 나무의 향기를 길어 올리렵니다
날마다 사랑을 심어 가꾸렵니다

돌각石刻

남의 살을 파서 제 이름 새겼네
산등성 오르는 길목마다
눈길 끄는 바위마다
감춘 칼로 쑤시고 후벼 팠네

사람이라며, 가장 아름다운 척 하더니
피 한 방울 보여주지 않고
싱싱한 목숨줄 잘라
흔적 없이 갈아 대었나
대단하고픈 제 몸짓 밀어 넣었네

억 만년 하늘 이고 누리려나
징과 끌도 모자라 쇠망치로 박은 그 이름 그 몸짓
풀이 부끄러워 바람 따라 고개 돌리네
앞산이 호통치자
뒷산이 메아리로 쩍쩍 갈라지네
멀지 않은 산정山頂에

푸른 까마귀

떼지어 몰려오는 검은 것들, 난리났다
갈가마귀 · 땅가마귀 겨울옷 입었다
흰옷은 하얗고 검은 옷은 검다
시냇물에 부리를 흔들어대던 매 한 마리
먹을 것이 없다

어딘지도 모르는 곳으로
머리 숙인 채 꼬리만 따라간다, 자진해서
궁궐 청솔나무 윗가지에서 치는 세마치장단이 그립다
어미 입에 먹이를 물어다주어야
지난 해 다녀간 옛집이 허물어지지 않는다
철탑에 머리만 터져
붉은 소리소리, 창자가 울릴지도 모른다
늦타령에 닳은 푸른 부리, 저 꿈 새
언뜻언뜻 보이는 붉푸른빛
햇살탓이다

오작교烏鵲橋

눈으로 가슴으로
스며드는 그 차茶맛
우러난 빛 속엔 아무것도 섞이지 않기를
엎디어, 가만가만 재우려 해도 타고 있습니다
불꽃은 어디메서 타올라
동쪽의 견우성에서 서쪽의 직녀성까지 오고가는지
알고 있나요, 서러움 달여도 까막까치가 지어주는
상봉은 은하를 태우려합니다
그 눈빛에 눈시울 누이려 일렁이는 찻잔 속
인연의 다리난간 놓지 못해 선명합니다
7월의 달려가는 초이렛날 밤

바람의 잠

남산, 소월로를 오른다
팔 벌린 큰나무두렁 앞에
참새들 지저귐 여전하고
달아나 뛰어도
꽃망울 터지려는 주홍빛 바람은
말없이 책속으로 걸어가
채찍 맞은 나귀를 어여삐 여긴
프랑시스 잠을 만난다
우리 가는 길
등짐 진 나귀와 무엇이 다른가 묻는다
나른한 오후의 햇살 먹은 산이
감기려는 두 눈을 크게 뜨고
등성에 길을 낸다

입에 대하여

먹는 그 입을 보네
마음재기 하는, 혓바닥은 무구한 순수
목젖을 영민하게 울리고 싶어 하네

누구나 원할 때가 있지
먹기를, 말하기를, 갖기를

처음이야 이런 느낌, 말하던 입
뜨겁게 원하던 것들, 이제 식어버린 찜
가를 땐 말없이 차가운 노래 굴리던 입
입덧, 해산하지도 못한 멀미
한 생각에 빠져 허기진 밤을 꼬박 새고
사과를 베어 물던 입

게걸스럽게 자고나면 침 흘린 자국
유치하고도 찬란해, 시시한 저물녘
그래도 그때가 좋았다고
애닯아 하던 것 놓아버리면
나방이 껍질을 벗은 듯 홀가분하지

그 순연한 열정, 돌아보면 처연해
부끄럽고 눈물겹지

>

그토록 작은 것에 매달리던
식어버린
그 입

꽃 詩를 위하여

고궁 담벼락 따라 흩날리는 봄꽃을 보다
짓다만 시귀에 화사한 목련을 불러다 앉히고
쓸쓸한 꽃비에 낙화落花로 젖다
한 문장 터져라 봄소식 곁들인다

늦봄 가기 전 발등이 무거운 건
이름 몇 자 서로 펴서 반기면
지면서 고마운 꽃향이 될 걸
사람들은 왜 그 길을 가지 못하는지

소중한 내력과 이유는
삶의 절정에서 꽃으로 피는 걸
가는 봄은 아는지
낡은 성벽을 짚으며 메아리로
그냥 웃기만 한다
홀로 만리는 더 가야 내 꽃길이 보일 것 같다

마음이 말한다

날개 짓 일백 하면
새가 난대

어지러움, 눈가림
저어리 밀어놓고

원願을 닦고 또 닦으면
하늘 길도 보인대

산봉 너머 강둑 따라
걷고 또 걸으면
별님도 만난대

세상에 첫울음 터지는
내 목소리 들린대
우주만물이 곧 내가 된대
환한 날

5부

숫소의 등뼈를 만지다

고구려 男子 67

— 델리에서 바라나시까지

노랑 긴 원피스자락 나부끼며 걸어오는
처녀 옷고름엔 목단송이 앉았다
신라적 왕오천축국전往五天竺國傳 이전부터
고구려바람을 신고 실크로드를 걸어왔다

800km면 족히 가 닿을 거리를 두고 자이푸르로 간다
사람과 동물이 사이좋게 사는 자이푸르
사막을 향한 낙타의 등뼈엔 고구려 사람의 꿈이 실려 있다

중세와 현대가 공존하는
무질서 속의 질서가
열여덟 가지 언어를 사용하는 인도를 먹여 살린다

소똥냄새가 일으키는 흙바람에
고구려 사람의 꿈 냄새가 나서
돌공장 사내는 나를 인도의 여배우 같다며
엄지를 치켜세우며 웃는 걸까

선글라스 속 눈동자도 마주치지 않은 내 속에
고구려의 피톨이 뛰어 여기 왔음을 어찌 알았을까
그와 나는 전생前生에 오랜 벗이었나
말 타고 함께 달리며 나라를 논하던 동지였나

>

생존과 번성의 법칙을 위해
모든 인연이 갠지스 강물에 녹아든다
새로운 탄생의 기별을 싣고 흐른다

겨레길

국립 현충원, 솔냇길 간다
한마음 지킨 이
관악산 기슭의 공작봉 언저리
한 올 이든 병풍치고 있다
찬바람 의연하게 소나무 키운 고갯길
내려놓고 돌아온 수양벚나무
봄바람에 묶이지 않고 멀리 서래섬 보고 있다
굽이쳐 흐르는 한강, 너울도 오고 가고픈
오르막길 앞에서 옆지기 보내주고
어긋나는 풍광, 우직하게 닦는다
물길 연 오리떼, 유채꽃 너그러운 한철꽃 노을 지는
온누리 한 벌
중심에 햇귀, 새녘을 연다
돌꼇잠 갈림길에 선 둑새풀
아라 깨우러 둔치로 간다
충혼의 꽃길 심장에 든다
목숨심지에 꽃불 당긴다
새 목숨

명품 타령

한 타령하고 가소
멀리 갈 거 없네
남도 굿거리 육자배기가
우리 소리여
대취타가 천년만세 울리면
만백성이 배불러 절로 문묘제례악 펼쳐
요기 요 땅 이 가락에 어깨 들썩 엉덩춤
당신이 바로 명품일세

안부

눈빛만 보아도
당신이 걸어 여기 온
내력이 보여요
지금 밤이지만
내일 다시 뜰 태양의 목소리 듣고 싶어
우리들의 기쁨을 간추려 보내드려요
혹여, 서운함은 마침표로 끝내시고
할 일을 장식하고, 꾸며
당신의 창에 행복을 걸어주세요

무스타파 케말이 누워있다

다시 올 수 있을까

에뻬르벨렘 바다를 두고 간다
터키의 아버지 무스타파 케말을 닮은
편안한 아이발릭 산은 조상들이 남긴 유산을 보여주며
풍요의 터키 사람들을 지켜주고 있다

네가 터키인임을 행복하게 생각하라던
케말은 진정으로 사람을 사랑하는 법을
가르쳐준 우리의 세종님, 순신님이다

한 사람의 생각과 배려가
쓸데없는 희생을 줄인다고
누워서도 조용조용 말하고 있다

詩

나의 가시
나의 면류관
주신 말씀
빛이 되고자

어디를 헤매다
얼마나 지쳐
무엇을 품고 돌아와
그 문장에 앉으려나

그날, 오하우 섬에서

하늘과 바다가 파란 축복의 손을 잡고
코올리나의 파라다이스 코브 비치까지 왔다
우클렐레 은은한 연주와 신부님의 주례에
싱그런 약속이 태평양을 내다본다

호놀룰루 남동쪽 와이키키의 아침엔 소나기 퍼붓다
40여분 달려온 웨딩아치 플로메리아 꽃길은
달콤한 해풍이 돌고래를 부르듯
삶은 깊이를 예측할 수 없는 보리수나무다

아들아
심지를 일으켜 가족을 지키는 불의 남자가 되어라
단숨에 야자나무에 올라 네 아내에게 코코넛을 주는 원주민이 되어라

레이를 목에 걸고 하와이 예복인 무무를 입은
어미를 보고 어릴 때처럼 웃는 아들아
폴리네시안 문명을 잘 보고 배워라

어제 본 마우이 섬 끝도 없는 사탕수수밭에서
생존과 번식을 위해 고군분투하던 우리의 조상들처럼
외로운 땀을 닦으며 만리를 굽이굽이 가야만
오늘 뜬 찬란한 무지개를 만질 수 있다

무명옷 품다

원나라에서 돌아올 때까지
추위에 떨던 내 나라 사람들
한시도 잊지 못해
달밤에도 붓두껍을 매만졌지요

그 사모思慕의 씨앗
보름달 훤한 고향 땅 골골마다
뿌리며 빌었지요

헐벗은 아이들
따뜻하게 겨울나기 보는 게
오로지 소망이라고

하늘 땅 사람을 귀히 품어
내 받은 은애恩愛 전함이
선비의 도리요 길이라

귀한 목화 실에서
엮어내는
무명옷 한 벌
달빛보다 훤하지요

세종대왕 만나기 2

힘든 날
과꽃 향으로 오신 아버지
봉숭아도 환한 웃음 물드는데

돌아오는 발길은 왜 이리 쓸쓸해
꿈길에 적어 본다

마음에 펼쳐볼
예쁜 모음母音 다 어디 갔나
함께 걷던
자음子音에 밟히지 않게

둥근 제자리 찾아
지우고 또 지워
아련한 첫말을 더듬어간다

마음 가마

잘도 헤친다
요령소리도 없이

끓고 있는 쇠불길 벗으려
단단한 심지마저
구름연기로 띄우고

종鐘 알소리 뒤채는
불 지핀 아궁이엔
벼린 날만 탄다

재가 되지 못한 그릇 한 점
억시게 검붉다

형산강

영일만 따라
샛강을 열어놓으면
형산兄山과 제산弟山 쪽

향하는 나무들이
마음껏 크게
물길 터주면

연오랑 세오녀가
해와 달로
호랑꼬리 붉푸르게
동녘바다 휘돈다

산호나라
선덕나무 전설
가지 벋어
꿈트림 솟구친다

학산 꼭대기 저 구름집
타고 올라
하늘 우에라도 갈끼구마

아버지께 드리는 헌시獻詩

아버지, 가신 지 어언 40여년
망초꽃 환한 중명리中明里에 오니
더욱 그립습니다
등불아버지 닮은 여섯 형제의 큰 둥지 맏이
문인文人아버지 닮은 둘째
큰 나무아버지 닮은 셋째
선비아버지 닮은 넷째
풍월주風月主아버지 닮은 다섯째
그리고, 정情 많은 아버지 닮은 막내 걱정은
저, 청 푸른 형산강에 이제 흘려보내십시오
굽이치는 동해의 물길처럼
열정이 넘치시던 그 모습 그대로
학산을 돌아, 덕수동 옛집의 너른 마당처럼 평안하십시오
아버지와 저희들의 파수꾼인
어머니의 기도로 돋을 양지
여기 모두 모여 절합니다
여섯 형제와 그 후손들이
안녕과 번창을 기원하며
영일만 너머로 한마음을 저어갑니다
아버지와 함께!

겨울들녘

자유로 드넓은 벌판을 달린다
갖은 굴곡을 다 넘어
풍년을 기다리는 사람들
북녘 하늘에 한 소식 올린다
일가친척은 잘 있냐고
금년 농사는 어떠냐고
내년 벌초는 언제 가면 되냐고
막막한 희망 한 모금 머금고
겨울들녘에 황금 같은 통일의 깃발 펄럭여본다
단군왕검 뿌려 가꾼 백두의 용기
함께 펼칠 혈육을 목청껏 불러본다

탕헤르의 달빛

해질녘 해변을 따라 걷는다
북아프리카 끝자락의 바람은
하얀 초승달을 걸어놓고
봄날이 다 간다는 소식
지브랄타 해협에 띄운다
유럽과 아프리카를 잇는 저 바다를 따라 가면
파도소리에 구름 속으로 숨어드는
나를 찾을 수 있을까
알라는 그들만의 하나님이 아니라
먼 길을 돌아 여기 온 여행객에게도 은혜를 베푸실까
달빛 안고 꿈길을 재워
새벽달 뜰 때까지
내 곁을 지켜주는 우리 하나님처럼

광교산 소나무

1.
일가一家를 이루려고
천둥 비 넘어 뿌리를 내린다
맑고 밝은 솔눈으로
목마른 사람 위해 천연약수를 길어 올린다

푸른 그늘 넉넉해라
도마치고개 넘어 진달래 산새와 쉬어가고
사시사철 푸른 웃음소리 형제봉 넘어
퍼져라 광교산 정기 통일의 그날까지

2.
성서천 휘돌아서
솔향은 마을마다 인사한다
넓고 깊은 정다운 한가족
아픈 사람 위해 먼지를 닦는다

얼룩도 말끔하게
산마루에 걸린 눈물도 데려와
새악씨 꽃볼인양 물들인다
퍼져라 광교산 정기 통일의 그날까지

해설

광교산 소나무

— 오현정의 시세계

반경환『애지』주간 · 철학예술가

광교산 소나무

— 오현정의 시세계

반경환 『애지』 주간 · 철학예술가

시인은 언어를 통해서 그의 이상낙원을 꿈꾸고, 그 낙원 속의 아름답고 행복한 삶을 살아가게 된다. 우리 인간들의 가장 위대한 발명품이 언어(문자)인 것처럼 시인은 예술가 중의 최고의 예술가이다. 왜냐하면 그는 새로운 언어의 창시자이며, 모든 신화와 종교의 창시자이기 때문이다. 시인은 언어로 꿈꾸며, 언어를 창조하고, 그 언어의 밭을 갈며, 그 언어의 열매들을 먹고 살아간다. 시인은 언어 속에서 태어났고, 그 언어를 위하여, 마치 연어처럼, 수많은 언어들을 산란하면서 그 기나긴 삶의 여정과 그 짧은 생애를 마감하게 된다. 나는 『반경환 명언집』 제2권의 앞날개 글의 '사상가'를 '시인'으로 이렇게 고쳐보면서, 오현정 시인의 일곱 번째 시집인 『광교산 소나무』의 시세계를 살펴보고자 한다.

> 詩의 뿌리는 母性이다. 어머니가 하늘나라로 떠나시고 나니 그 망연함과 그리움에서 벗어나기가 쉽지 않다. 건강하실 때 더 많은 시간을 어머니와 자주 정겹게 보내지 못한 아쉬움과

안타까움이 가득하다. 그럴 때면 홀로 동네 뒷산을 오른다. 산새와 들꽃이 바람의 언덕을 넘어와 母情의 치마자락을 펄럭이며 내 어깨를 감싸준다. 광교산엔 친구가 많다. 온갖 근심을 덜어주는 풀꽃과 화답하는 산새, 그리고 기댈 수 있는 든든한 소나무들, 이 모두가 나의 어머니다. 소의 등뼈처럼 질긴 모성은 시인이 결코 놓을 수 없는 시정신과 닮았다.

한 生과 더불어 역사가 구름으로 흐르듯 만물을 품은 달빛은 산맥을 휘돌아 내일을 그린다.

—「시인의 말 -자연과 母性의 詩魂」 부분

광교산은 경기도 수원시와 용인시에 걸쳐 있는 산으로 해발 582m의 육산(흙산)이며, 산의 높이에 반하여 상당한 규모의 산세를 자랑하고 있다고 한다. 광교산 적설은 최고의 절경이며, 울창한 소나무와 함께, 완만하면서도 수려한 산능선은 광교산 등산의 백미白眉라고도 한다.

만일, 그렇다면 시인은 그 어디에다가 둥지를 틀어야 한단 말인가? 그것은 두 말할 것도 없이 자기 자신이 어머니(아버지)가 되고, 그 어머니의 미덕으로 모든 천재지변을 다스리며, 모든 인간들의 자유와 평화와 행복을 연출해낼 수 있는 곳이지 않으면 안 된다. 최초의 어머니는 만인의 어머니이며, 그 어머니의 미덕이 천세불변의 영원성을 지니지 않으면 안 된다. 광교산은 오현정 시인의 이상낙원이며, 그가 그의 언어의 밭을 갈며, 그 언어의 열매로 최초의 어머니가 될 수 있는 성산聖山이라고 할 수가 있다. 그렇다. 시의 뿌리는 모성이다. 오현정 시인은 어머니의 힘으로 '모정의 치마자락'을 펄럭이며, 온갖 산새와 온갖 들꽃들을 품어 기르며, 그 언어의 밭을 갈게 된다.

부모형제에 대한 사랑, 그의 이웃과 타인들에 대한 사랑, 대한민국이라는 조국에 대한 사랑, 그리고 모든 인류에 대한 사랑은 오현정 시인의 시적 주제가 되며, 광교산은 그의 이상낙원이 된다.

1
일가一家를 이루려고
천둥 비 넘어 뿌리를 내린다
맑고 밝은 솔눈으로
목마른 사람 위해 천연약수를 길어 올린다

푸른 그늘 넉넉해라
도마치고개 넘어 진달래 산새와 쉬어가고
사시사철 푸른 웃음소리 형제봉 넘어
퍼져라 광교산 정기 통일의 그날까지

2
성서천 휘돌아서
솔향은 마을마다 인사한다
넓고 깊은 정다운 한가족
아픈 사람 위해 먼지를 닦는다

얼룩도 말끔하게
산마루에 걸린 눈물도 데려와
새악씨 꽃볼인양 물들인다
퍼져라 광교산 정기 통일의 그날까지

—「광교산 소나무」 전문

광교산은 "일가一家를 이루려고/ 천둥 비 넘어 뿌리를" 내리고, 광교산은 "맑고 밝은 솔눈으로/ 목마른 사람 위해 천연약수를 길어 올린다." 광교산은 "푸른 그늘도 넉넉"하고, 광교산은 "도마치고개 넘어 진달래와 산새"들마저도 쉬어가게 한다. "성서천 휘돌아서/ 솔향은 마을마다 인사"를 하고, "넓고 깊은 정다운 한가족"은 "아픈 사람을 위해 먼지를 닦는다." 그리하여 마침내, "광교산 정기"는 "사시사철 푸른 웃음소리"로 "형제봉을 넘어" 그 모든 장애물들을 다 돌파하고, 남북통일의 그날까지 울려 퍼지게 될 것이다. 지구도 둥글고, 우주도 둥굴다. 둥긂은 모성의 원리이며, 이 모성의 원리는 모든 생명들을 다 품어 안는다. 시인이 시인으로서 존재하고, 시인이 시인의 어머니이자 모든 인류의 어머니가 될 수 있는 곳이, 다른 나라- 다른 세계에 존재하고 있는 것은 아니다. 둥긂은 중심이 없고, 중심은 모든 곳에 다 있다. 광교산은 세계의 중심이고, 오현정 시인은 만인들의 시인이며, 광교산 소나무는 그 정기로 남북통일을 이룩해낼 수 있는 세계수世界樹이라고 하지 않을 수가 없다.

광교산은 오현정 시인의 언어(삶)의 텃밭이자 이상낙원이고, 광교산의 소나무는 그의 세계수世界樹라고 할 수가 있다. 시인의 언어는 소나무로 탄생하고, 소나무는 그의 언어의 상징으로서 그의 의지와 지조를 지시하게 된다. 의지는 어떤 목적을 달성하고자 하는 시인의 뜻을 말하고, 지조는 사시사철 늘 푸른 소나무처럼 그 원칙과 신념을 지켜나가는 것을 말한다. 그 의지는 부모형제에 대한 사랑, 그의 이웃과 타인들에 대한 사랑, 대한민국과 조국에 대한 사랑, 그리고 모든 인류에 대한 사랑—, 요컨대 전인류애적인 자유와 평화와 행복으로 이어지고, 그의 지조는 "능선을 물들이는 단아한 수줍은 처녀/ 시들기 전 통째로 툭 떨어지는 지조"의 「지심도 동백」, "마주보는 힘찬 대나무가 그 한량이다/ 시詩 서書 화畫를 섭렵한 자신을/ 문文 사史 철哲의 눈으로 바라보네/ 고 작은 것을/ 억, 억, 억, 억만 냥을 줘도 바꾸기 싫어"의 「백자청화매죽조문병白磁靑華梅竹鳥文甁」의 장인 정신, "일곱 명의 동생을 학교에 보내주고 싶은" 「까르르르」의 행복한 청년, "러시아, 중국, 중앙아시아"까지 "신 실크로드의 길"을 밝히고 싶은 「도라산의 태극기」, "무굴제국의 황제 샤자한"의 불멸의 사랑의 상징인 '타지마할', "착하게 후덕하게 잘 살아라(「모니카를 위하여 9」)"의 어머니, "언제나 새로 태어나는 천자문을 읽(「다시 읽는 천자문」)"는 시인, "등불 아버지 닮은 여섯 형제의 큰 둥지 맏이/ 文人 아버지 닮은 둘째/ 큰 나무 아버지 닮은 셋째/ 선비 아버지 닮은 넷째/ 風月主 아버지 닮은 다섯째/ 그리고, 情 많은 아버지 닮은 막내"의 「아버지께 드리는 헌시獻詩」의 여섯 형제들로 나타나며, 그의 시세계를 더욱더 아름답고 풍요롭게 만들게 된다.

하지만, 그러나 아름답고 풍요로운 이상낙원은 그 '맹독을 자양분'으로 삼아야만 하는 고통의 산물이며, 이 고통이 모든 어머니의 숙명이 되고 있는 것이다. 창創자에는 칼도刀자가 들어 있듯이, 최초의 어머니이자 만인의 어머니는 사시사철 만고풍상을 다 겪고도 언제, 어느 때나 늘 푸른 소나무처럼 살아가지 않으면 안 된다. 왜냐하면 어머니의 위대함에는 위대함에 대한 저주가 따르게 되어 있기 때문이고, 따라서 그 저주의

맹독으로 만인들의 세계수世界樹, 즉 그 수목신화를 창출해내는 어머니가 되지 않으면 안 되기 때문이다. "조선의 국모가 당한 치욕의 시간 생생히 보았어요", "으스러지려는 뼈에 새기다 보니/ 한 그루 나무가 되었어요"의 「영휘원英徽園 산사나무」, "집시에서 여왕이 된/ 이사벨의 내면에서 날마다 추던 플라멩고"의 「차카란타, 그 꽃은」, "다시 살 수 있다면 어미 몸피를 다 벗겨/ 어디든 가거라/ 네 존재를 확인하러/ 맹독을 자양분 삼아 걸어가라"의 「모니카를 위하여 15」, "나, 꽃이에요/ 속 붉은 무화과가 달디 단 눈물을 먹여주던 곳"의 「옛 사람이 부른다」, "청백리淸白吏, 읊는 시구詩句에/ 그리운 사람 찾아/ 머리칼 하얗게 달려오는 그곳"의 「반구정伴鷗亭」, "로뎅의 위험한 손을 사랑했기에"의 「까미유 끌로델」, "우리 가는 길/ 등짐 진 나귀와 무엇이 다른가 묻는다"의 「바람의 잠」, "충혼의 꽃길 심장에 든다/ 목숨심지에 꽃불 당긴다"의 「겨레길」, "네가 터키인임을 행복하게 생각하라던/ 케말은 진정으로 사람을 사랑하는 법을/ 가르쳐준 우리의 세종님, 순신님이다"의 「무스타파 케말이 누워있다」의 시들이 바로 그것을 증명해준다.

여성은 약하지만, 어머니는 강하다. 인간은 약하지만 시인은 위대하다. 말은 이슥고 흔적도 없이 사라지지만, 시인의 언어는 영원불멸의 삶을 산다. 대부분의 인간들에게는 고통이 크고 기쁨이 작지만, 시인(어머니)의 고통은 작고 기쁨이 크다. 왜냐하면 대부분의 인간들은 고통의 충복忠僕에 지나지 않지만, 시인(어머니)은 고통으로 밥을 먹으며, 그 고통을 다스리는 주인이기 때문이다. 인생은 짧고 시는 영원하다. 오현정 시인은 오늘도, 지금 이 순간에도, 부모형제에 대한 패륜아들을 일도필살一刀必殺의 검법으로 징벌을 하고, 또한 그의 이웃들과 타인들에 대한 패륜아들도 일도필살一刀必殺의 검법으로 징벌을 한다. 언제, 어느 때나 반한국적인 민족의 반역자들도 일도필살一刀必殺의 검법으로 징벌을 하고, 제멋대로, 자기 자신의 사리사욕을 위하여 자연을 파괴하는 반인륜적인 자들도 일도필살一刀必殺의 검법으로 징벌을 한다. 「광교산의 소나무」는 자유와 평화와 행복의 상징이며, 오현정 시인의 세계수世界樹이다. 요컨대 광교산 소나무는 그의 의지이고 지조이며, 그 모든 것이기도 한 것이다.

만일, 그렇다면 시인은 그 어디에다가 둥지를 틀어야 한단 말인가? 그것은 두 말할 것도 없이 자기 자신이 어머니가 되고, 그 어머니의 미덕으로 모든 인류의 자유와 평화와 행복을 연출해낼 수 있는 곳이지 않으면 안 된다. 만일, 그렇다면 최초의 어머니이자 모든 인류의 어머니의 둥지는 그 어디이며, 그 최초의 어머니는 과연 어떠한 어머니란 말인가? 사교는 그대를 더없이 초라하고 작게 만들지만, 홀로서기는 그대를 더없이 고귀하고 위대하게 만든다. 만인들의 모든 가치관과 질서에 반대하고 만인들의 어리석음과 수많은 오류들을 바로 잡을 수 있는 어머니는 문전옥답의 비옥한 땅보다는 새로운 인적미답의 황무지를 찾아나서지 않으면 안 된다. 아무도 살지 않는 곳, 그 어떠한 도덕과 법과 질서도 수립되지 않은 곳—, 바로 그곳이 최초의 어머니의 둥지이지 않으면 안 되고, 그 어머니는 고통의 지옥훈련과정을 통하여 최초의 도덕과 법과 질서를 새롭게 창출해내지 않으면 안 된다. 홀로서기는 내재성의 확립, 즉, 타인들 속에서 자기 자신이 자기 자신만의 주인공이 되는 길이기도 하고, 다른 한편, 홀로서기는 외재성의 확립, 즉, 공동체사회로부터 떨어져나와 새로운 신세계를 개척하는 선구자의 길이기도 하다.

오현정 시인의 광교산은 조선의 국모가 치욕을 당한 곳을 뜻하기도 하고(「영휘원英徽園 산사나무」), "속 붉은 무화과가 달디 단 눈물을 먹여주던 곳"이기도 하다(「옛 사람이 부른다」). 또한, 광교산은 "충혼의 꽃길", "목숨심지에 꽃불 "을 당길 수 있는 곳이기도 하고(「겨레길」), 우리가 한국인임을 행복하게 생각할 수 있는 곳이기도 하다(「무스타파 케말이 누워있다」). 오현정 시인은 스스로, 자발적으로 무거운 등짐을 진 나귀가 되기도 하고, 자기 자신의 주체성을 확립(홀로서기)하기 위하여 맹독을 자양분으로 삼은 시인이기도 하다. 또한 오현정 시인은 청백리에 빛나는 황희 정승을 낳아 기른 어머니이기도 하고, 집시의 신분에서 여왕이 된 이사벨라이기도 하다. 시인의 길은 형극의 가시밭길이며, 그 어떠한 구원의 손길도 없이 자기 자신이 어머니가 되고, 그 모든 것의 주인이 되는 길이라고 하지 않을 수가 없다.

독은 독이면서 약이 되기도 하고, 약은 약이면서 독이 되기도 한다. 최초의 약은 맹독성을 지녔고, 이 맹독성의 독약을 만병통치의 명약으로 만드는 것이 모든 시인들의 사명이자 의무라고 하지 않을 수가 없다.

날개 짓 일백 하면
새가 난대

어지러움, 눈가림
저어리 밀어놓고

원願을 닦고 또 닦으면
하늘 길도 보인대

산봉 너머 강둑 따라
걷고 또 걸으면
별님도 만난대

세상에 첫울음 터지는
내 목소리 들린대
우주만물이 곧 내가 된대
환한 날
—「마음이 말한다」 전문

그렇다. "날개 짓 일백 번 하면/ 새가 난다"는 것, "어지러움, 눈가림/ 저어리 밀어놓고// 원願을 닦고 또 닦으면/ 하늘 길도 보인다"는 것, "산봉 너머 강둑 따라/ 걷고 또 걸으면/ 별님도 만난다"는 것, "세상에 첫울음 터지는/ 내 목소리 들리고", "우주만물이 곧 내가 된다"는 것, 요컨대, 오현정 시인의 「마음이 말한다」의 장인 정신이 바로 그것이 아니라면 무엇이고, 또한,

원나라에서 돌아올 때까지
추위에 떨던 내 나라 사람들
한시도 잊지 못해
달밤에도 붓두껍을 매만졌지요

그 사모思慕의 씨앗

보름달 훤한 고향 땅 골골마다
뿌리며 빌었지요

헐벗은 아이들
따뜻하게 겨울나기 보는 게
오로지 소망이라고

하늘 땅 사람을 귀히 품어
내 받은 은애恩愛 전함이
선비의 도리요 길이라

귀한 목화 실에서
엮어내는
무명옷 한 벌
달빛보다 훤하지요

라는, 「무명옷 품다」의 문익점의 고귀하고 위대한 장인 정신이 바로 그것이 아니라면 무엇이란 말인가? 목화는 인류의 역사상, 의복의 혁명이며, 의인 문익점은 그 목화씨앗을 머나먼 외국으로부터 훔쳐온 범죄인이 될 수밖에 없었던 것이다. 그는 "추위에 떨던 내 나라 사람들"을 "한시도 잊지 못했던" 것이고, "그 사모思慕의 씨앗"을 "보름달 훤한 고향 땅 골골마다/ 뿌리며" 지극정성으로 돌볼 수밖에 없었던 것이다. 생살을 도려내고 뼈를 깎는 듯한 문익점의 절차탁마의 장인 정신은 그리하여 마침내, 맹독성 독약을 만병통치의 명약으로 만드는 기적을 연출해냈던 것이며, 그 "무명옷"으로 우리 한국인들을 사나운

비바람과 그 추위로부터 구원해냈던 것이다.

모든 미학의 존재 근거는 도덕이고, 모든 도덕의 존재 근거는 미학이다. 시(예술)와 도덕은 둘이 아닌 하나이며, 모든 사상, 즉, 모든 학문과 예술과 도덕은 낙천주의를 양식화시킨 것이다. 학문도 자유와 평화와 행복에의 약속이고, 예술도 자유와 평화와 행복에의 약속이며, 도덕도 자유와 평화와 행복에의 약속이다.

목은 가늘고 길다
작은 키에 가슴은 풍만해
또 본다

매화가지에 앉은 저 새는
이 여인의 야릇한 이끌림에
날아갈 수 없는 사내다

마주보는 힘찬 대나무가 그 한량이다
시詩 서書 화畫를 섭렵한 자신을
문文 사史 철哲의 눈으로 바라보네
고 작은 것을
억, 억, 억, 억만 냥을 줘도 바꾸기 싫어

초봄인 듯 늦가을인 듯
대나무를 흠모하며
박차를 가하려는 새 한 마리마저 주저앉히는
매화의 고 미소에 조선 사내들

돈궤를 짊어지고 몰려 왔음직 하다

한 번 더! 불 켜진 작은 주막
하얀 항아리에 우주가 담겼네
사람을 지으신 이 담겼네
다 두고 홀로 갈 때
어디로 갈 것인지
장인의 영혼에 선택의 여백을 남겼네

— 「백자청화매죽조문병白磁靑華梅竹鳥文甁」 전문

오현정 시인의 「백자청화매죽조문병白磁靑華梅竹鳥文甁」은 세계의 축소판이며, 전 세계를 그 작은 그릇에 다 담은 거대한 우주라고 하지 않을 수가 없다. 이 세계를 다 담으려면 작아져야 하고, 따라서 모든 예술은 축소와 확대, 또는 응축과 팽창의 원리로 되어 있다고 해도 과언이 아니다. 커지려면 작아져야 하고, 작아지려면 커져야 한다. 응축시키려면 팽창해야 하고, 팽창하려면 응축시켜야 한다. 이 작아짐으로써 더욱더 커진 「백자청화매죽조문병白磁靑華梅竹鳥文甁」의 세계는 자연이, 또는 우주가 이 예술작품의 모조품에 지나지 않는다고 말하고 있는 것인지도 모른다.

목은 가늘고 길다. 작은 키에 가슴은 풍만하고, 그 여인의 요염한 아름다움 때문에 매화가지에 앉은 새마저도 날아가지 못한다. 마주보는 힘찬 대나무가 그 한량들이고, 이 백자청화매죽조문병에 반한 조선의 사내들이 돈궤를 짊어지고 왔지만, 그러나 그 제일급의 대가는 "억, 억, 억, 억만 냥"을 준다고 해도 팔 생각이 없다. 왜냐하면 「백자청화매죽조문병白磁靑華梅竹

鳥文甁」은 우주(세계)의 축소판이고, 그의 장인 정신이 살아 있기 때문이다. "시詩 서書 화畫"에 대한 예술적 심미안과 "문文 사史 철哲"에 대한 역사 철학적인 깊이를 지녔다는 것, 즉, 그 최고급의 인식의 제전의 걸작품이 「백자청화매죽조문병白磁青華梅竹鳥文甁」이라는 것이 오현정 시인의 시적 전언이기도 한 것이다.

"시詩 서書 화畫"에 대한 예술적 심미안과 "문文 사史 철哲"에 대한 역사 철학적인 깊이를 지니지 못한 어중이 떠중이들은 축소와 확대, 또는 응축과 팽창의 예술적 원리도 이해하지 못하는 삼류들이며, 따라서 그들의 작품도 짝퉁이고, 그들의 인격도 짝퉁이며, 그들의 인생 자체도 짝퉁 인생에 지나지 않게 된다. 이 삼류 중의 삼류인 짝퉁 인간들이 제일급의 대가들의 걸작품을 모방하고, 또는 그 모조품에다가 제일급의 대가들의 이름을 새겨 넣으면서 최고급의 인식의 대제전을 전면적으로 망쳐놓게 된다. 일본의 경제신문은 "한국은 숨쉬는 것처럼 거짓말을 하는 나라, 세계 제일의 사기대국이자 부패대국, 한국사회 전체가 거짓말의 학습장"이라고, 우리 대한민국과 우리 한국인들을 향하여 그 독설을 뱉어낸 적이 있었다. 하지만, 그러나 대한민국의 대통령도, 국회의장도, 국무총리도, 법무장관도, 또 그리고, 우리 학자들과 우리 목사들과 우리 정치인들도, 그 어느 누구도 단 한 마디의 항변도 하지 못하는 공범자의 침묵으로 일관하고 있는 것이다. 신경숙과 이문열의 표절 사건 때도 그러했고, 조영남의 대작사건과 천경자의 「미인도」에 대한 위작사건 때도 그러했고, 단군 이래 최대의 사기극이라는 조희팔 사건 때도 그러했다. 표절은, 범죄는, 그 민족의 영혼과 육체를 속속들이 썩게 만드는 망국병이고, 이 짝퉁 인간들에 의한 망국병이 번성하고 있는 한, 그 국가와 민족의 운명은 바람 앞의 등불에 지나지 않게 된다.

오현정 시인의 「백자청화매죽조문병白磁青華梅竹鳥文甁」은 제일급의 대가의 장인 정신의 승리이자, 시인(어머니)으로서의 그의 시적 승리이기도 한 것이다. 「백자청화매죽조문병白磁青華梅竹鳥文甁」은 우주 전체이며, 세계의 축소판이다. 인간이 자연을 모방하는 것이 아니라, 자연이 인간을 모방한다. 시인이 예술작품이 되고, 예술작품이 시인이 된다. 오현정 시인의 제일급의 장인 정신이 돋보이는 시는 「다시 읽는 천자문」과 그의 어머니에 대한 헌시인 「모니카를 위하여 2 -타지마할」 등이라고 할 수가 있다.

코끼리를 타고 앰버 산성을 둘러보니
권력의 힘이 이렇게 높고 좋구나 했는데
자이푸르에서 대여섯 시간 버스를 타고 아그라로 왔어요
드디어 사파이어, 루비, 에머랄드가 수없이 박힌
대리석 영묘 타지마할로 들어섰어요
살아서 왕관을, 죽어서 누대로 애도와
세상 모든 여인들의 부러움을 받으며
누워있는 왕비는 얼마나 지혜롭고 총명했을까요
무굴제국의 황제 샤자한은 불멸의 사랑을 위해
완공 직후 총감독의 목을 베고 장인의 손가락을 잘라
지상에서 유사 건축물을 다시는 만들 수 없게 했대요
삶과 죽음을 이으려는 집념을 야무냐 강은 다 보았지요
상아빛 잔영이 일렁이는 강물엔
아내 뭄타즈마할을 향한 연모의 투각透刻들이

보름달이 뜨는 밤이면 더 맑고 투명하게 빛나지요

—「모니카를 위하여 2 -타지마할」 전문

무굴제국의 황제인 샤자한이 그의 아내인 아르주만드 바누 베감을 기리기 위한 뭄타지마할, 이 뭄타지마할은 '선택받은 궁전'이라는 뜻으로 그의 아내의 영묘의 이름이었지만, 그러나 그 이름이 와전되어 오늘날의 '타지마할'로 불리게 되었다고 한다. 무굴제국의 황제인 샤자한은 1612년에 아르주만드 바누 베감과 결혼했지만, 1631년 그의 아내가 아이를 낳다가 사망을 하자 그의 아내를 기리기 위한 영묘로서 지상최대의 궁전인 타지마할을 건축하게 되었다고 한다. 날이면 날마다 약 2만 명의 건축가와 노동자들이 동원되었고, 타지마할 전체가 완공되기까지는 약 22년의 세월과 4,000만 루피라는 천문학적인 비용이 들었다고 한다. 너비 580m, 길이 350m, 직사각형의 형태로 들어서 있는 타지마할, 영묘의 동서 양쪽으로 '모스크'와 '지와브'라는 부속건물을 거느리고 있는 타지마할, "사파이어, 루비, 에머랄드가 수없이 박힌" 타지마할, 이 세상을 떠난 아내와 영원히 살기 위한 '불멸의 사랑'의 징표인 타지마할, 삶과 죽음을 다같이 하나의 연속과정으로 묶은 이 세상에서 가장 아름다운 건축물인 타지마할—. 하지만, 그러나 나는 무굴제국의 황제인 샤자한의 그 왕비에 대한 사랑과 그 사랑을 위하여 수많은 건축가와 노동자들에 대한 무자비한 임금착취와 그 잔인한 학대들을 아름답게 미화하거나 옹호할 생각은 추호도 없다. 다만, 샤자한의 '불멸의 사랑'이 이 세계에서 가장 아름다운 타지마할이 되고, 샤자한과 그의 아내인 아르주만드 바누 베감 부부는 그 선택받은 궁전에서 영원불멸의 삶을 살아가고 있다는 것이, 나의 마음을 울리고 있는 것이다. 샤자한이 타지마할이 되고, 타지마할이 샤자한이 된다. 이 예술작품과 작가와의 일치, 아니, 작가와 예술작품이 둘이 아닌 하나라는 사실이 만인들을 감동시키고, 그들의 장인 정신이 그 아름다움을 획득하고 영원불멸의 삶을 살아가고 있는 것이다. 아름답다는 것은 고귀하고 위대하다는 것을 뜻하고, 아름답다는 것은 영원한 생명력을 지녔다는 것을 뜻한다. 모든 미학은 낙천주의를 양식화시킨 것이고, 낙천주의의 꽃은 아름다움인 것이다. 타지마할, 아아, 아름다운 것은 자연도 아니고, 예술작품도 아니고, 그 아름다움을 창출해낸 예술가일 뿐인 것이다. 예술가는 자기가 자기 자신을 낳는 어머니(아버지)이며, 자기가 자기 자신의 어머니(아버지)가 되어감으로서 만인들의 어머니(아버지)가 되는 성모(성부)라고 하지 않을 수가 없다.

광교산 소나무도 그의 언어로 씌어졌고, 「마음이 말한다」도 그의 언어로 씌어졌다. 「영휘원英徽園 산사나무」도 그의 언어로 씌어졌고, 「겨레길」도 그의 언어로 씌어졌다. 「무명옷 품다」도 그의 언어로 씌어졌고, 「모니카를 위하여 2 -타지마할」도 그의 언어로 씌어졌다. 오현정 시인의 일곱 번째 시집 『광교산 소나무』는 그가 개척해낸 언어의 텃밭이며, 그는 이 언어의 텃밭에서 그 언어들을 씨 뿌리며, 그 언어의 열매들을 먹고 살아간다. 언어가 싹트고, 언어가 자라나고, 언어가 사시사철 늘 푸른 소나무처럼 그 의지와 지조로 자라나고, 그리하여 오현정 시인의 타지마할인 『광교산 소나무』는 인류 전체의 궁극적 목표인 자유와 평화와 행복의 세계로 그 결실을 맺게 될 것이다.

모든 것이 가고 모든 것이 되돌아온다. 어머니도, 아버지도, 아들도 태어나면 늙고, 늙으면 이윽고 죽는다. 어머니와 아버지와 아들이 죽으면, 그 죽음의 자리에 또 다른 아이가 태어나고, 그리고, 이윽고, 그 아이도 죽고, 또 다른 아이가 태어난다. 모든 것이 변하는 것처럼 보이지만, 그 어느 것 하나도 변하지 않는다. 바로 이 지점에서, '만물이 유전한다'는 헤라클레이토스와 '만물은 변하지 않는다'는 파르메니데스와의 싸움이 생겨나는 것이지만, 그러나 그들은 모두가 다같이 틀린 것이다. 모든 것은 변하면서도 변하지 않고, 모든 것은 변하지 않으면서도 변한다. 삶과 죽음은 둘이 아닌 하나이다.

죽음은 산소와도 같고, 이 세상의 숨구멍과도 같다. 죽는 법을 배우는 것은 사는 법을 배우는 것이고, 사는 법을 배우는 것은 숨 쉬는 법을 배우는 것이다. 죽음은 영원한 삶의 숨구멍인 것이다.

삶은 산소와도 같고, 저 세상의 숨구멍과도 같다. 사는 법을 배우는 것은 죽는 법을 배우는 것이고, 죽는 법을 배우는 것은 숨 쉬는 법을 배우는 것이다. 삶은 영원한 죽음의 숨구멍인 것이다.

국립 현충원, 솔냇길 간다
한마음 지킨 이
관악산 기슭의 공작봉 언저리
한 올 이든 병풍치고 있다
찬바람 의연하게 소나무 키운 고갯길
내려놓고 돌아온 수양벚나무
봄바람에 묶이지 않고 멀리 서래섬 보고 있다
굽이쳐 흐르는 한강, 너울도 오고 가고픈
오르막길 앞에서 옆지기 보내주고

어긋나는 풍광, 우직하게 닦는다
물길 연 오리떼, 유채꽃 너그러운 한철꽃 노을 지는
온누리 한 벌
중심에 햇귀, 새녘을 연다
돌꼇잠 갈림길에 선 둑새풀
아라 깨우러 둔치로 간다
충혼의 꽃길 심장에 든다
목숨심지에 꽃불 당긴다
새 목숨
—「겨레길」 전문

우리는 모두가 광교산의 주민이 되지 않으면 안 되고, 그 광교산의 늘 푸른 소나무가 되지 않으면 안 된다. 나는 나로서 홀로 서고, 이 홀로서기의 위대함을 통하여, 수많은 이웃들과 타인들을 구원하지 않으면 안 되고, 그리하여 곧바로 남북통일을 이룩하고, 이 세상 그 어디에도 없는 이상낙원을 창출해내지 않으면 안 된다. "충혼의 꽃길"을 "심장" 속에 만들고, 우리들의 "목숨심지에 꽃불"을 당기지 않으면 안 된다.

광교산은 꽃길이고, 「겨레길」이고, 우리들의 타지마할이다. 이 충혼의 마음을 늘 푸른 소나무로 가꾸고, 인류 전체의 자유와 평화와 행복을 또한 창출해내지 않으면 안 된다.

이 세상의 모든 지식인들에게 사상이란 최고의 목적이며, 그 모든 것이다. 세상의 모든 것이 변하고 이 세계의 종말이 온다고 하더라도 자기 자신과 자기 자신의 사상만은 영원하기를 바라는 것은 모든 지식인들의 한결같은 꿈이다. 사상은 그 어떤

것보다도 고귀한 명예이며, 삶의 완성이며, 보다 완전한 인간의 표지이다. 우리는 그 사상가의 신전 앞에서 언제, 어느 때나 시를 짓고, 노래를 부르며, 찬양과 찬송을 하게 된다. 또한 우리는 그 신전 앞에서 우리 인간들의 존엄성을 바치고, 가장 좋은 예물을 바치고, 하늘을 우러러보며, 항상 자기 자신을 갈고 닦으면서, 그 사상의 위업을 이어 나갈 것을 맹세를 하게 된다(반경환, 『행복의 깊이』 제1권).

오현정

오현정吳賢庭 시인은 경북 포항에서 태어났고, 숙명여대 불문학과를 졸업했으며, 1978년, 1989년『현대문학』2회 추천완료로 등단했다. 시집으로는『보이지 않는 것들을 위하여』『마음의 茶 한 잔 · 기타 詩』『물이 되어, 불이 되어』『에스더 편지』『봄온다』『고구려 男子』등이 있으며, PEN문학상, 월간문학동리상, 들소리문학대상, 중국장백산 세계문학상 등을 수상했으며, 현재 한국문인협회 이사, 국제PEN한국본부 이사, 한국여성문학인회 이사, 한국현대시인협회 이사, 한국시인협회 상임위원, 문학의 집 · 서울, 숙명여대문학인회 회원으로 활동하고 있다.
오현정 시인의 일곱 번째 시집『광교산 소나무』는 그가 개척해낸 언어의 텃밭이며, 그는 이 언어의 텃밭에서 그 언어들을 씨 뿌리며, 그 언어의 열매들을 먹고 살아간다. 언어가 싹트고, 언어가 자라나고, 언어가 사시사철 늘 푸른 소나무처럼 그 의지와 지조로 자라나고, 그리하여 오현정 시인의 타지마할인『광교산 소나무』는 인류 전체의 궁극적 목표인 자유와 평화와 행복의 세계로 그 결실을 맺게 된다.

이메일 : every424@hanmail.net

오현정 시집

광교산 소나무

발　　행 2016년 8월 15일
지 은 이 오현정
펴 낸 이 반송림
편집디자인 김지호
펴 낸 곳 도서출판 지혜
　　　　　계간시전문지 애지
기획위원 반경환 이형권 황정산
주　　소 34624 대전광역시 동구 선화로 203-1. 2층 도서출판 지혜 (삼성동)
전　　화 042-625-1140
팩　　스 042-627-1140
전자우편 ejisarang@hanmail.net
애지카페 cafe.daum.net/ejiliterature

ISBN : 979-11-5728-197-8 03810
값 9,000원

* 이 시집은 용인시 문학창작지원금을 받아 출간되었습니다.